# EXPERIMENTA CON
# EL AGUA

### Escrito por Bryan Murphy

**Consultora de ciencias: Dra. Christine Sutton**
Departamento de Física Nuclear de la Universidad de Oxford

**Consultora de educación: Ruth Bessant**

CHANHASSEN, MINNESOTA • LONDRES

Publicado por Two-Can Publishing
18705 Lake Drive East
Chanhassen, MN 55317
1-800-328-3895
www.two-canpublishing.com

© 2004 Two-Can Publishing
Texto © Bryan Murphy, 1991

Autor: Bryan Murphy
Ilustradora: Sally Kindberg
Diseñadora: Linda Blakemore
Consultora de ciencias: Dra. Christine Sutton
Consultora de educación: Ruth Bessant
Traductora: Susana Pasternac
Consultores de lenguaje: Alicia Fontán y Straight Line Editorial Development, Inc.

'Two-Can' es una marca registrada de Two-Can Publishing.
Two-Can Publishing es una división de Creative Publishing international, Inc.

HC ISBN 1-58728-437-5
SC ISBN 1-58728-436-7

Todas las fotografías son copyright de © Fiona Pragoff, excepto las siguientes: tapa, Ray Moller; pp. 4, 5 (abajo derecha), 10, 18 (abajo derecha), 19 (arriba), 23 (abajo), 30 (abajo), ZEFA Picture Library (UK) Ltd.; pp. 5 (arriba centro, arriba derecha, abajo izquierda), 23 (arriba), 30 (arriba), Science Photo Library; p. 8, Oxford Scientific Films; pp. 8 (intercalada), 9 (centro), 30 (abajo), Frank Lane Picture Agency Ltd.; pp. 9 (arriba y abajo), 26, 27 (abajo), 31 (arriba izquierda), Ardea; pp. 12, 21, 27 (arriba), 30 (arriba derecha), Bruce Coleman Ltd.

1 2 3 4 5 6 09 08 07 06 05 04

Impreso en Hong Kong

# CONTENIDO

# RODEADOS DE AGUA

Agua, agua, agua. Durante todo el día, en cualquier lugar donde vivamos, usamos agua de maneras diferentes. ¿Te has detenido a pensar en ello? Éstos son algunos datos interesantes sobre el agua.

◀ El agua es la única sustancia de la Tierra que se presenta en tres estados: **líquido**, **sólido** (hielo) y **gas** (**vapor** de agua).

▶ Cuando el agua **hierve**, se transforma en **vapor**.

▼ Cuando algo se quema, libera vapor.

▼ ¡Nuestro cuerpo tiene casi un **65%** de agua! El tomate tiene un **95%** de agua.

# EL CICLO DEL AGUA

EL CICLO DEL AGUA

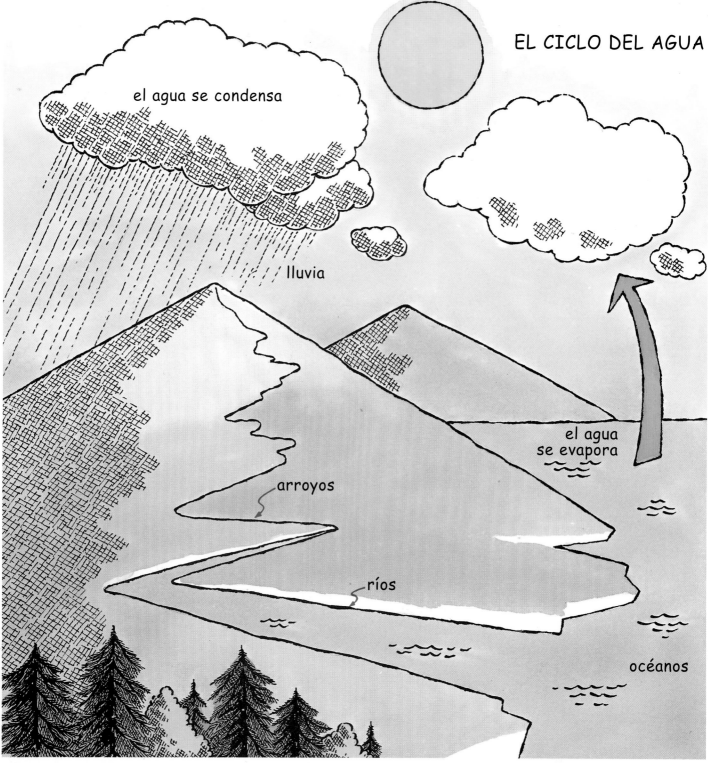

el agua se condensa

lluvia

arroyos

ríos

el agua se evapora

océanos

La mayor parte del agua de la Tierra se encuentra en los enormes mares y océanos salados. Una parte está congelada en el hielo. Otra está en los lagos y ríos o por encima de nosotros, en las **nubes**. Y algo hay en cada ser viviente.

¿Has notado que el agua casi nunca esta inmóvil? Cada gota de agua hace un largo viaje, que se llama el **ciclo del agua**.

Tú puedes ver partes del **ciclo del agua** en tu propia casa.

◀ Pon un poco de agua en un plato. Déjalo en la ventana o en un estante. En unos días, verás que el nivel del agua ha bajado. ¿A dónde crees que se fue el agua? La **energía** del calor en el aire ha causado su **evaporación**; es decir, la ha transformado en un gas, llamado vapor de agua. Ese vapor es ahora parte del aire que respiras. ¿Qué ocurre después?

Cuando el aire se enfría, puede contener menos vapor de agua. El vapor se **condensa** en una nube de gotitas.

▼ Cuando hace frío, el vapor del agua caliente del baño se condensa como agua líquida en el espejo frío, y las gotas de agua resbalan por el vidrio como lluvia.

# EL AGUA Y EL TIEMPO

Después que el vapor de agua en el aire se ha condensado en una nube, puede cambiar de forma. Las gotitas de agua de una nube se mueven todo el tiempo.

▶ Al chocar entre ellas, las gotitas forman gotas más grandes. Cuando se hacen tan grandes y pesadas que el aire ya no puede sostenerlas, caen en forma de lluvia.

▶ Si el aire tiene mucho vapor de agua y se enfría, el vapor se condensa en una nube. Si la nube está al nivel del suelo, se llama **niebla**.

◀ A veces hace mucho frío en una nube, menos de 32° Fahrenheit (0° centígrados). A esta temperatura, el agua de una nube se congela formando diminutos cristales de hielo. Si los cristales se juntan y el aire por debajo de la nube también es frío, el hielo cae en forma de **nieve**. Si el aire por debajo de la nube es menos frío, el hielo se derrite y cae en forma de lluvia.

◀ El aire siempre se mueve dentro de una nube. Si fuertes vientos llevan de un lado a otro el cristal de hielo, éste puede crecer hasta formar una bola de hielo llamada **granizo**. El 3 de septiembre de 1970 cayó en Coffeyville, Kansas, una piedra de granizo del tamaño de un melón.

# LA PRESIÓN DEL AGUA

¿Has tratado alguna vez de tocar el fondo de una piscina? Si lo haces, a veces podrás sentir que el agua presiona en tus oídos. Eso es porque el agua pesa. El peso del agua en la piscina es la **presión** del agua que empuja en tus tímpanos. A medida que bajas, la presión va aumentando.

Trata de mantener la cabeza en diferentes ángulos. En todas las posiciones puedes sentir la presión del agua. La presión empuja hacia todas las direcciones. Si quieres hacer esta prueba en una piscina, asegúrate que haya cerca un adulto o un salvavidas.

▼ Cuando las focas se zambullen, cierran la nariz para no dejar pasar el agua.

Comprueba tú mismo que la presión del agua aumenta con la profundidad. Con la punta de una tijera haz tres agujeros a lo largo de una botella de plástico. ¡Pero cuidado, no te cortes!

Cubre cada agujero con un dedo. Pide ayuda a un amigo, porque necesitarás tres manos para esto. Llena la botella con agua. Retira rápidamente los dedos. Un chorro de agua saldrá por cada agujero. ¿Por cuál sale el chorro de agua más grande? ¿Por qué crees que pasa eso?

# HAZ UN SUBMARINO

Los **submarinos** son barcos especiales que pueden viajar bajo el agua. Deben ser muy resistentes para que no los aplaste la gran presión en las profundidades del océano.

UNDERSEAS DEVELOPM

Es fácil hacer un submarino que se sumerga y vuelva a la superficie como los de verdad. Asombra a tus amigos haciendo que, como por arte de magia, el submarino baje y suba sin que tú lo toques.

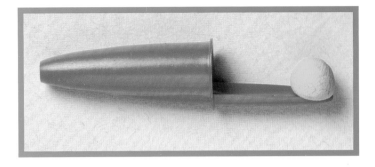

▲ Sólo necesitas la tapa de un bolígrafo, un poco de plastilina y una botella de plástico que cierre bien. Pon una bolita de plastilina sobre la parte fina y alargada de la tapa del bolígrafo, para que tenga un poco más de peso.

▼ Pon la tapa del bolígrafo en la botella casi llena de agua, con la parte de la bolita hacia abajo. La tapa flotará en la superficie del agua. Luego cierra bien la botella.

Aquí viene lo asombroso. Pregunta a tus amigos si quieren que la tapa flote o se hunda. Tú puedes controlar la profundidad apretando los costados de la botella. ¡Prueba y verás!

# PESO Y VOLUMEN

Hace unos dos mil doscientos años, un rey de Grecia compró una corona. Le habían dicho que era de oro macizo, pero quiso asegurarse. El rey le pidió a un hombre muy inteligente llamado Arquímedes que sin dañarla verificara que la corona estuviera hecha de oro puro.

Un día, cuando Arquímedes entraba en su tina, vio que el agua subía alrededor de su pierna. Cuando uno pone un objeto en el agua, el agua se desplaza para dejarle espacio. Sube cuando está contenida en un lugar, como en una tina. Esto le indicó a Arquímedes cómo podía inspeccionar la corona.

Las cosas se pueden medir por peso y por volumen. Arquímedes pensó que una corona de oro puro y una pieza de oro puro del mismo peso deberían ocupar el mismo espacio. Sólo necesitaba comparar el volumen de las dos.

Es fácil averiguar el **volumen** de algo que tiene la forma de un ladrillo, con un simple cálculo matemático. Pero es difícil averiguar el volumen de algo que tiene una forma tan complicada como una corona.

Arquímedes pesó la corona y luego midió un peso igual de oro puro. Entonces, puso la corona en agua y midió cuánto subía el agua. Luego puso la pieza de oro puro en agua y marcó cuánto subía el agua. La corona ocupó más espacio que el oro puro. Esto le indicó a Arquímedes que la corona contenía otro metal que no era oro.

La próxima vez que tomes un baño, prueba este experimento. Antes de entrar, marca el nivel del agua con una bolita de pasta de dientes. Entra ahora en la tina y marca el nuevo nivel. Observa la diferencia de altura entre las dos marcas. ¡Acabas de medir el volumen de las partes de tu cuerpo que están en el agua!

No te olvides de retirar las bolitas de pasta de dientes después de tu experimento.

También puedes medir el volumen de algo con exactitud, como lo hacen los científicos.

Usa una taza para medir tanto en tazas como en litros. Será más fácil obtener el volumen del sólido que piensas medir. Las unidades para medir los sólidos y los líquidos son diferentes, pero un mililitro (ml) de líquido es igual a un centímetro cúbico (cc) de cualquier cosa.

▶ Pon exactamente 500 ml de agua en la taza para medir. Agrega con cuidado una piedra en la taza y mide el nuevo nivel del agua.

Si la piedra toma el lugar de 100 ml de agua, el nivel del agua subirá 100 ml. El volumen de esa piedra será de 100 ml o 100 cc.

# FLOTAR Y HUNDIRSE

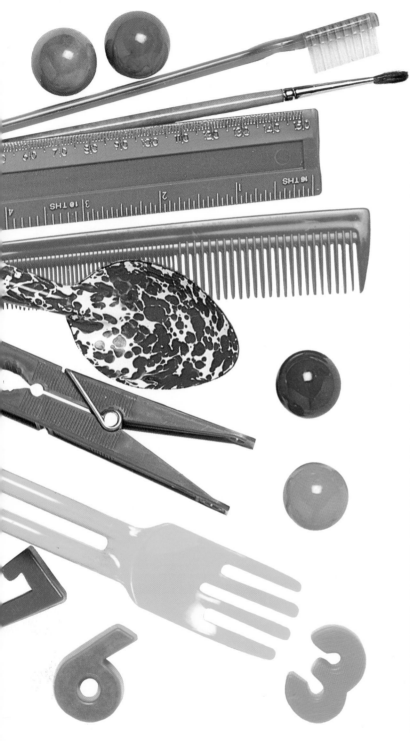

Has notado alguna vez que ciertas cosas flotan y otras se hunden? Junta algunos objetos de la casa y adivina cuáles flotarán y cuáles se hundirán.

▲ Llena con agua un tanque transparente de vidrio o de plástico. Pon los objetos en el agua. ¿Te sorprendiste? ¿Pensaste que las cosas pesadas se hundirían y las livianas flotarían?

La próxima vez que vayas a nadar en la piscina, trata de levantar a un amigo en el agua. Descubrirás que tu amigo es más liviano en el agua que en tierra.

◀ Prueba a sumergir algo que flote, como un juguete de goma. Tendrás que empujarlo para llevarlo bajo la superficie. ¿Cuánto tiempo le lleva subir a la superficie?

▼ Llena con agua un globo o una bolsa de plástico transparente. ¡Dile a un amigo que puedes hacer que no pese nada! Empuja el globo bajo el agua. No flota ni se va al fondo porque contiene agua y pesa lo mismo que el agua que lo rodea.

# MIREMOS LOS BARCOS

La forma y el tamaño de un barco depende del trabajo que debe hacer. Puedes hacer diferentes barcos con plastilina. Una pajilla servirá de mástil y puedes hacer la vela de papel.

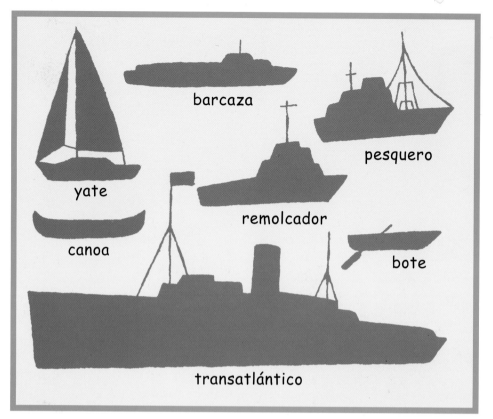

yate

barcaza

pesquero

canoa

remolcador

bote

transatlántico

► Un petrolero es un barco enorme que lleva petróleo. Debe llevar grandes cantidades de petróleo y flotar en las aguas poco profundas de los puertos. Mira la foto de este petrolero. ¿Qué puedes decir de su forma? ¿Es corto o largo? ¿Es delgado o ancho?

◀ Un yate está hecho para ir deprisa. Quiere decir que debe ser muy delgado para cortar rápidamente el agua. Haz un yate de plastilina con una pajilla como mástil y con papel para la vela.

▼ Pon a flotar tu barco de plastilina en la tina y sopla en la vela. ¿Cómo podría ir más rápido? Mira lo que ocurre si cambias la forma de la vela, volteas la vela hacia un lado o haces el barco más estrecho.

19

# TENSIÓN SUPERFICIAL

Algo muy peculiar le ocurre a la superficie del agua. Tienes que acercarte y mirar con mucha atención para verlo.

▶ Prueba un experimento simple. Llena hasta el borde un vaso con agua. Agrega de uno en uno algunos alfileres. Posiblemente pensabas que no se podía agregar nada en el vaso sin desbordarlo. Sin embargo agregaste unos cuantos alfileres sin que el agua se desbordara. ¿Cuántos? ¿5, 10, 20, 40? Mira atentamente la superficie del agua mientras agregas los alfileres. Una invisible piel parece sostener el agua. Esa fuerza que mantiene la superficie de un líquido se llama **tensión superficial**.

▶ Posiblemente te sorprenderá descubrir lo fuerte que es la piel de la superficie del agua. ¡Puede incluso sostener un alfiler!

Haz flotar con cuidado un pequeño trozo de papel toalla en el agua. Rápidamente deja caer un alfiler sobre el papel y observa lo que ocurre cuando el papel se hunde. El alfiler queda en la superficie del agua. Si te acercas, verás en qué lugar de la superficie se sostiene.

¡Ten cuidado! Los alfileres pinchan.

Algunos insectos de agua, como el andarríos, usan la tensión superficial para caminar en el agua. Otros nadan sobre o bajo la superficie. Esta chinche acuática parece colgar de la superficie del agua.

# BURBUJAS

Cuando se agrega jabón o detergente al agua, la tensión superficial disminuye. Esto quiere decir que la superficie se estira más sin romperse en gotas de agua. ¡Entonces puedes hacer **burbujas**!

▲ Mezcla suavemente en un tazón, aproximadamente una taza (0,24 de litro) de jabón de lavar y cinco tazas (1,2 litros) de agua caliente. Para hacer mejor las burbujas, agrega una cucharadita (5 ml) de glicerina (la puedes comprar en una farmacia). Si la mezcla no da resultado enseguida, intenta combinar diferentes proporciones de esos ingredientes.

▲ Te puedes divertir mucho con la mezcla para burbujas. Pide a un adulto que te ayude a hacer una pipa para burbujas cortando cuatro ranuras de media pulgada (12 mm) en la punta de una pajilla. Separa las tiras. Ellas sostendrán la burbuja a medida que aumente de tamaño. Pon un poco de la mezcla para las burbujas en una taza. Hunde la pipa en la superficie del líquido, sácala y luego sopla suavemente.

Si el día está frío, prueba salir al exterior para hacer tus burbujas. Cuando llenas las burbujas con el aire que sale de tu boca, las llenas con aire caliente.

¿Para dónde van las burbujas? ¿Para arriba o para abajo? ¿Qué crees que significa? El aire caliente se eleva y hace que la burbuja suba en el aire frío.

◀ Observa de cerca una burbuja. ¿Puedes ver todos sus hermosos colores? ¿Dónde has visto antes colores así?

▼ Los colores de la superficie de una burbuja son todos los colores del arco iris.

# SEPARACIÓN DE COLORES

¿Es la tinta negra realmente negra? Este experimento muestra cómo puedes usar el agua para averiguarlo. Necesitarás unos filtros de papel para café o papel toalla, tinta negra (puedes usar un marcador), un vaso, una tijera y, por supuesto, agua.

▶ Corta un círculo en el filtro de papel, un poco más grande que el borde del vaso. En el centro, dibuja un punto con la tinta. Luego, haz dos cortes en el papel y dobla la tira central hacia abajo. Coloca con cuidado el círculo de papel encima del vaso de manera que la tira de papel esté en el agua. ¡Observa atentamente y no podrás creer lo que ven tus ojos!

A medida que el agua sube por el papel, separa la tinta en los diferentes colores que la componen. Este proceso se llama **cromatografía** (método para separar colores). Prueba con tintas de colores diferentes para ver de qué colores están hechas.

# AGUA DE USO CORRIENTE

En casa usamos el agua para todo tipo de cosas: lavar, beber, regar las plantas. El agua también se usa para fabricar cosas. Se necesitan 150 galones (470 litros) de agua para hacer el papel de un diario del domingo. ¿Cuántos otros usos se te ocurren?

Para asegurarnos de que la gente tenga suficiente agua incluso cuando no llueve, construimos diques sobre los ríos. Un **dique** retiene parte de la corriente de un río y hace un lago artificial, llamado **represa**. En el mundo entero se usa el agua de las represas para beber, fabricar e **irrigar**. El agua de las represas puede ser llevada por caños a las zonas donde no llueve mucho. Luego los granjeros canalizan el agua hasta sus campos de cultivo.

El agua que corre es fuente de energía. Prueba a mantener tu pulgar al final de una manguera o grifo cuando sale el agua. Si sacas el pulgar, el agua saldrá con muchísima fuerza.

◀ Los molinos antiguos funcionaban gracias a la caída del agua. Se usaban para moler los granos para hacer harina. La corriente de un arroyo pasaba por una canaleta especial hacia las paletas de una inmensa rueda de agua en el costado del molino. A medida que la rueda daba vueltas, un conjunto de máquinas en el interior del molino movía piedras enormes para moler los granos.

Hoy en día la fuerza del agua que cae se usa para proveer con **electricidad** a grandes ciudades (derecha). Los diques **hidroeléctricos** (izquierda) guardan el agua en represas o lagos para que siempre haya provisión de agua. Los enormes caños llevan el agua cuesta abajo hacia las estaciones hidroeléctricas. Allí el agua impulsa las paletas de una **turbina** que tiene la forma de una rueda de agua. A medida que la turbina da vueltas rápidamente, genera electricidad.

# HAZ TU PROPIA RUEDA DE AGUA

Éste es un experimento que usa la energía del agua en movimiento. Necesitarás cartón, un carrete de hilo vacío, una pajilla fina (de las que se usan para revolver una bebida) y cinta adhesiva doble.

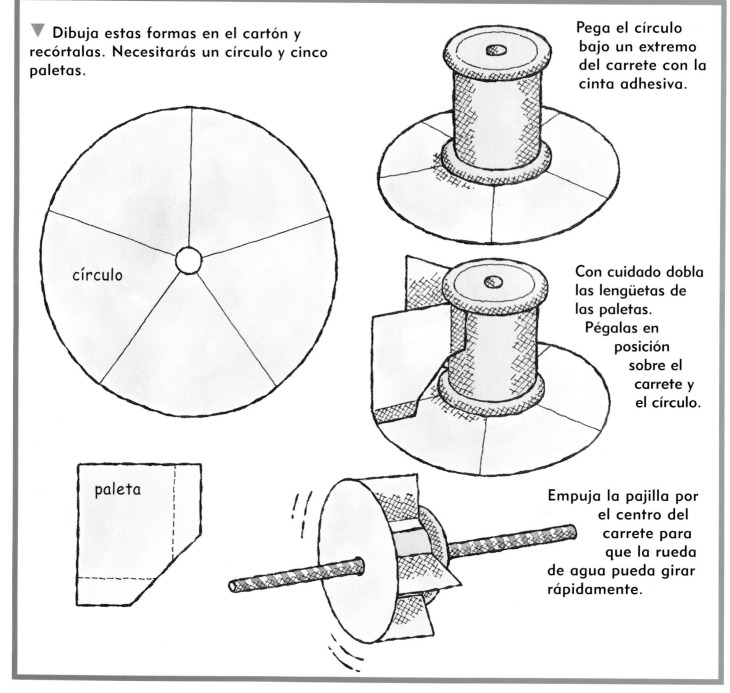

▼ Dibuja estas formas en el cartón y recórtalas. Necesitarás un círculo y cinco paletas.

círculo

paleta

Pega el círculo bajo un extremo del carrete con la cinta adhesiva.

Con cuidado dobla las lengüetas de las paletas. Pégalas en posición sobre el carrete y el círculo.

Empuja la pajilla por el centro del carrete para que la rueda de agua pueda girar rápidamente.

◀ Haz girar la rueda bajo el agua del grifo. ¿Gira más rápidamente cuando está arriba, cerca del grifo, o cuando está más lejos de la corriente del agua? ¿Dónde se mueve más deprisa el agua?

Adorna la rueda con un diseño de colores y observa cuando da vueltas.

# GLOSARIO

**burbuja:** pelota de gas, como el aire, atrapada dentro de una funda líquida

**ciclo del agua:** transformación del agua de los mares y océanos a nubes, luego a lluvia, luego a ríos y nuevamente a los mares

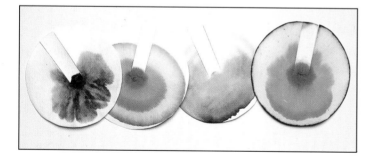

**condensar:** transformar por enfriamiento el gas o el vapor en líquido

**cromatografía:** método para separar colores que disocia las sustancias químicas dentro de una mezcla para mostrar los colores que la forman

**dique:** pared construida para contener agua

**electricidad:** tipo de energía usada para encender focos, hacer funcionar motores, etc.

**energía:** fuerza usada para trabajar o estar activo

**evaporación:** acto de cambiar de líquido o sólido a vapor o gas

**gas:** sustancia, como el aire, que se puede expandir para ocupar todo el espacio que le está abierto. El gas no es ni sólido ni líquido.

**granizo:** pedacito de hielo que cae al suelo

**hervir:** transformar un líquido en gas por el calor

**hidroeléctrico:** que produce electricidad con la fuerza del agua que cae en las turbinas

**líquido:** sustancia que fluye fácilmente. El líquido no es ni gas ni sólido.

**lluvia:** agua que cae al suelo en gotas formadas por la humedad en el aire

**niebla:** nubes cerca del suelo

**nieve:** cristales de agua que se congelan en el aire y caen al suelo

**nube:** masa de gotitas diminutas de agua o cristales de hielo que flota en el aire

**presión:** fuerza de empuje o de peso en un área

**represa:** lago, generalmente detrás de un dique, donde se guarda el agua

**sólido:** sustancia que conserva su forma en lugar de fluir o extenderse como el líquido o el gas

**submarino:** barco que puede viajar bajo el agua

**sumergir:** empujar, ir o estar bajo el agua

**tensión superficial:** "piel" invisible que mantiene la superficie de un líquido dentro de las dimensiones del líquido

**turbina:** motor que da vueltas gracias al agua o al vapor

**vapor:** gas o vaho compuesto de diminutas gotas de una sustancia que flota en el aire; el agua que ha cambiado a gas por ebullición

**volumen:** espacio que ocupa algo

# ÍNDICE